Nani y Jay Aprenden Financia

yo quiero ser un
Empresario

Evelyn Fernandez

DEDICACIÓN

Este libro está dedicado a Ciahni y Jason. Esta serie está inspirada por ustedes. Nunca dejaré de hacer todo lo que puedo para ustedes. Me he convertido en una mejor persona gracias a ustedes y los quiero más de lo que las palabras pueden expresar.

Jay llegó a casa de la escuela un día y estaba muy confundido. Su amigo Julio le dijo que será médico cuando sea mayor.

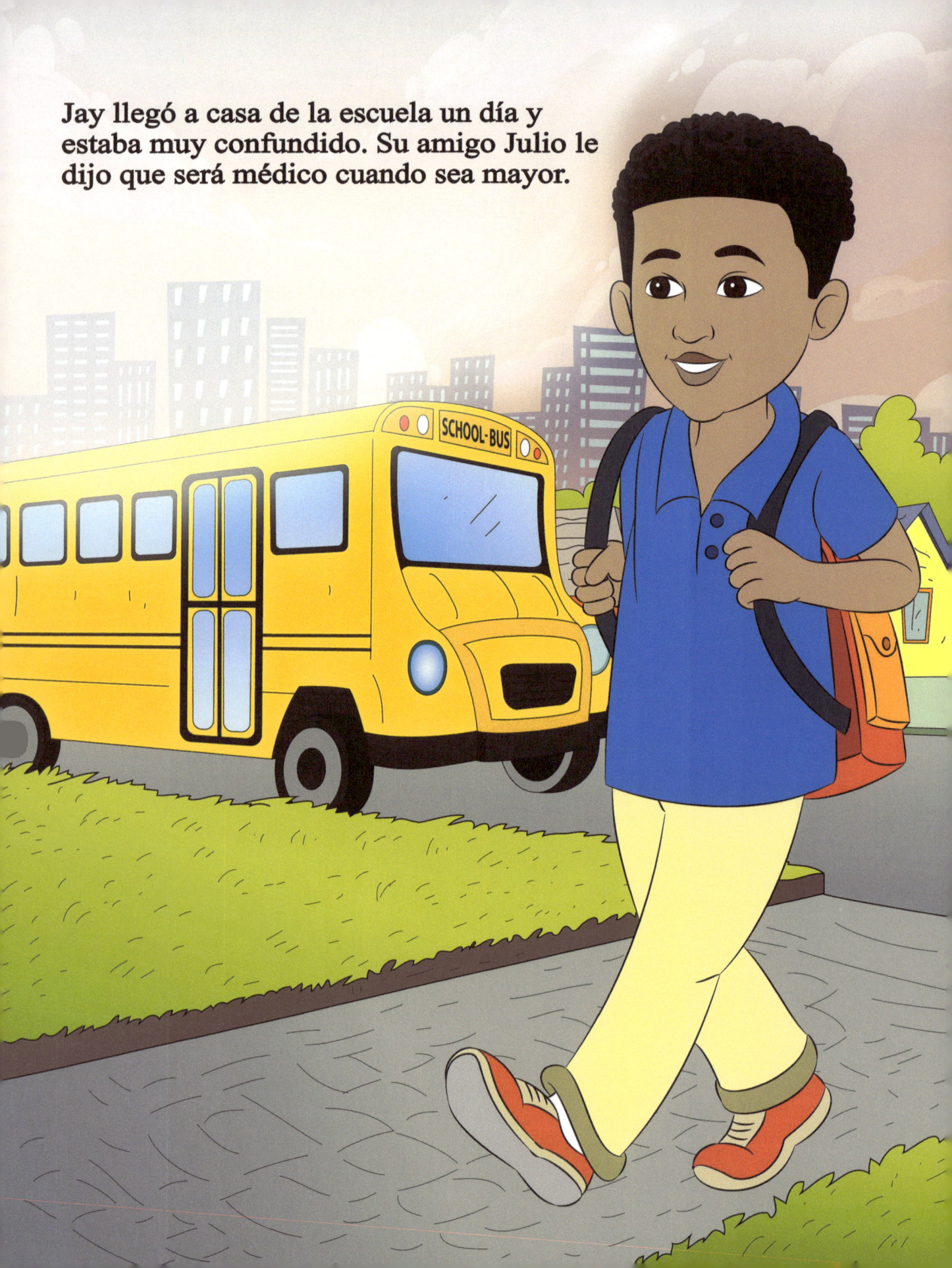

Cuando Julio le preguntó a Jay qué quería ser, no tuvo respuesta. Pensó que sería un héroe en el ejército, al igual que su padre.

"Nani, Nani," gritó Jay, esperando que su hermana no estuviera en la práctica del coro. "Dios mío, de qué son todos los gritos Jay?" Preguntó su hermana. "Mi amigo Julio quiere ser médico. Sabes lo que tu quieres ser cuando seas grande? " Pregunto Jay.

"Oh, esa es una pregunta fácil," dijo Nani, "una empresaria."
"Una qué?" Jay nunca había oído hablar de esta carrera antes.
"Sí, yo soy empresaria." "Jay, no lo sabías?" "No, pensé que
tenías que ser un adulto para tener un trabajo," dijo Jay con
una mirada confusa.

"No, esa es la belleza de ser una empresaria; puedes tener cualquier edad. Un empresario es una persona que gana dinero usando sus habilidades. Sígueme, déjame mostrarte algo. Tengo 12 años y gano mi propio dinero." "En realidad?" Pregunta Jay. Estaba tan emocionado mientras esperaba la respuesta de su hermana. "Hago dibujos para poner en las paredes y se los vendo a los adultos."

"Oh, espera, qué dibujos?" Preguntó Jay. "Sabes que puedo dibujar bien?" "Sí," respondió emocionado. "Dibujo obras de arte impresionantes, agrego algunas palabras en la parte inferior y las pongo en un cuadro. Luego lo vendo por cinco dólares. Por ejemplo, dibujé una flor con las palabras "Hello Sunshine" en la parte inferior, la puse en un cuadro, y se la vendí a mamá.

"Oh," dijo Jay, "pero cómo te convierte esto en una empresaria?"
"Bueno, un empresario es una persona que trabaja para sí
mismo. En general, los adultos trabajan para otra persona. La
gente tiene que pedir permiso para quedarse en casa si está
enferma, y todos están trabajando para enriquecer al jefe, a
cambio, el jefe les paga una cierta cantidad de dinero por cada
hora que trabajan."

"Mira, la mayoría de las personas van a la universidad para aprender una habilidad, luego usan esa habilidad y su tiempo a cambio de dinero. El empresario tiene una habilidad que luego la usa para iniciar un negocio por sí mismo."

"Un día, vi que mamá fue a la tienda, compró un cuadro con la imagen de una flor y lo colgó en la pared del baño. Le pregunté a mamá cuánto pagó y dijo cinco dolares. Yo pensé, quiero ganar cinco dólares y sé cómo dibujar esa flor ", continúa explicando Nani.

"Le pedí a mamá que me llevara a la tienda y compré un cuadro. Luego dibujé una flor casi como la que compró mamá y puse el dibujo en el cuadro, luego le pregunté a mamá si me lo compraría, y dijo que si. Pagué un dólar por el cuadro y ya tenía los materiales para dibujar, así que cuando lo vendí por cinco dólares menos lo que pagué, gané cuatro."

"Tienes cuatro dólares?" preguntó Jay. "Bueno, tengo más que eso porque vendí muchos cuadros. Escuchame, yo no tengo que pedirle permiso a nadie para nada, y no tengo que trabajar un horario determinado.

"Como me encanta dibujar, no parece que estoy trabajando. Además, dibujo cuando quiero," explica Nani. "Entonces vendo los dibujos, y lo sigo repitiendo. Eso es un emprsario. Cuando sea grande, voy a vender casas porque eso te hace rico."

"Wow," dijo Jay, "yo también quiero ser un empresario. Quiero ganar dinero usando mis habilidades y no tener que ir a trabajar todos los días. Nani, cuando sea mayor, quiero ser como tú." dijo Jay. "Bueno, Jay, puedes empezar ahora mismo. Recuerda, no tienes que esperar para crecer para ser un empresario," dijo Nani. "Ah, claro, entonces, qué puedo vender?" preguntó con entusiasmo.

"No tienes que vender. Puedes hacer cualquier cosa, como cantar o bailar en las fiestas de cumpleaños, puedes cortar el césped para los vecinos o recoger hojas".

"Espera, papá me enseñó a cortar el césped y recortar los bordes. Cuánto crees que me pagarán los vecinos por eso?" preguntó Jay.

"Bueno, estoy segura de que puedes conseguir al menos veinte dólares por eso. Solo tienes que preguntarle a papá si puedes usar su cortadora de césped." Jay grita, "Wow, eso es increíble, voy a ser rico, papá, papá, necesito tu ayuda," mientras corre a buscar a su papá.

"Papá, puedo pedir prestada tu cortadora de césped para poder cortar el césped de los vecinos y ganar dinero?" preguntó Jay.
"Claro Jay, pero primero tienes que ver si los vecinos quieren que corte sus césped. Luego puedes decirles cuánto cobrarás y preguntarles cuándo quieren que se haga el trabajo."

Cuatro de los vecinos de Jay acuerdan pagarle viente dolares cada uno para cortar el césped esta semana, y puede regresar cada dos semanas hasta el invierno.

"Dios mío! Nani, Nani, mira cuánto dinero gané esta semana," grita Jay. "Wow, me alegro mucho y estoy muy orgullosa de ti. Ahora sigue haciéndolo y guarda tu dinero en un frasco como el mío. Puedes hacer veinte o trenta yardas por mes cuando crezcas, y estarías trabajando para ti mismo en tu propio negocio," dijo Nani.

Cuando Jay cumplio 21 años, tenía tantas yardas que cortar. Trabajaba cuando quería y se quedaba con todo el dinero que ganaba. Jay se había convertido en el empresario que dijo que sería.